MINISTÈRE DE LA GUERRE

PROJET D'ANNEXE

AU

RÈGLEMENT PROVISOIRE

DE MANŒUVRE

DE

L'ARTILLERIE DE CAMPAGNE

DISPOSITIONS SPÉCIALES

AUX BATTERIES ARMÉES

DU MATÉRIEL DE 105 LONG

PARIS

IMPRIMERIE NATIONALE

1915

PROJET D'ANNEXE

AU

RÈGLEMENT PROVISOIRE

DE MANOEUVRE

DE

L'ARTILLERIE DE CAMPAGNE

DISPOSITIONS SPÉCIALES

AUX BATTERIES ARMÉES

DU MATÉRIEL DE 105 LONG

MINISTÈRE DE LA GUERRE

PROJET D'ANNEXE

AU

RÈGLEMENT PROVISOIRE

DE MANOEUVRE

DE

L'ARTILLERIE DE CAMPAGNE

DISPOSITIONS SPÉCIALES

AUX BATTERIES ARMÉES

DU MATÉRIEL DE 105 LONG

PARIS

IMPRIMERIE NATIONALE

1915

RÈGLEMENT PROVISOIRE

DE MANOEUVRE

DU CANON DE 105 LONG.

CHAPITRE 1er.

ÉCOLE DU CANONNIER SERVANT.

DÉFINITIONS.

1. *Positions de route.* — Le canon est dit à la position de route lorsque le traîneau est verrouillé sur la partie arrière du châssis qui est lui-même verrouillé sur l'affût.

Lorsque le canon est à la position de route, les trains doivent toujours être réunis.

2. *Positions de tir.* — Le canon est dit à la position de tir lorsque le traîneau a été ramené à l'avant du châssis et que le traîneau et le châssis sont reliés par le volet d'entretoise.

3. *Positions en batterie.* — Le canon est dit en batterie lorsque, ayant été mis préalablement à la position de tir, sa bêche repose à terre et que sa bouche est dirigée vers le but à battre.

Lorsque le canon est en batterie, il est rigoureusement interdit de le remettre à la position de route sans avoir réuni les trains. Dès que les trains sont réunis, le canon est en principe mis à la position de route. On peut déplacer la voiture, le canon étant à la position de tir, mais à titre exceptionnel; cette disposition fatigue le matériel.

4. *Composition de la pièce.* — La pièce se compose d'un canon et de deux caissons, le premier chargé en obus à balles, le deuxième en obus explosifs. Dans la pièce en batterie, les deux caissons sont à droite et à gauche du canon, à un mètre d'intervalle, les roues de l'arrière-train à un mètre de celles du canon. Les trains sont réunis, la flèche du côté opposé à l'ennemi, les chevaux détachés et abrités.

5. *Peloton de la pièce.* — Le service de la pièce est assuré par huit servants :

Servants du canon :

    Pointeur,
    1er chargeur, à l'avant du 1er caisson.
    Tireur,
    2e chargeur, à l'avant du 2e caisson.

Servants du premier caisson :
    Déboucheur,
    1er pourvoyeur, à l'avant du 1er caisson.

Servants du deuxième caisson :
    Amorceur, à l'avant du 2e caisson.
    2e pourvoyeur.

6. *Fonctions des servants :*

A. *Caisson.* — Les pourvoyeurs retirent des coffres les obus et les douilles. Le déboucheur dispose des débouchoirs, débouche les évents ; l'amorceur dispose de la boite à fusée et amorce les obus explosifs.

B. *Canon.* — Les chargeurs introduisent dans la chambre les obus qu'ils assurent à leur position, à l'aide du refouloir et les douilles.

Le tireur ouvre et ferme la culasse, met le feu.

Le pointeur donne la hausse, l'angle de site et la dérive, pointe et repère le canon.

ARTICLE 1er.

DISPOSITIONS PRÉLIMINAIRES.

Pour les exercices du canonnier servant, il est indispensable de mettre au préalable le canon à la position de tir.

7. *Mettre le canon à la position de tir.* — Le canon est arrêté sur son avant, la volée dans la direction du tir, le couvre-bouche, le couvre-culasse, le couvre-avant du chassis et le couvre-support sont enlevés sur des simples indications.

Les servants sont répartis de la façon suivante :

A gauche du canon, face à l'objectif, le premier pourvoyeur, le déboucheur, le premier chargeur et le pointeur.

A la droite du canon, le deuxième pourvoyeur, l'amorceur, le deuxième chargeur et le tireur.

Le pointeur ouvre la porte avant du châssis et amène le volet d'entre-toise à gauche à l'aide du levier, puis il commande « *prêt* ».

Pour ouvrir la porte avant du châssis. — Enlever la lanière qui réunit le levier d'accrochage et le piton de fixation, faire tourner vers le haut le bout d'accrochage pour le dégager de sa gâche et, sans l'abandonner, accompagner la porte avant du châssis à sa position d'ouverture.

Pour fermer la porte avant du châssis. — Soulever la porte avant avec la main gauche jusqu'à fermeture complète et la tenir appliquée contre le châssis, rabattre le levier d'accrochage avec la main droite, replacer la lanière.

Pour amener le volet d'entre-toise à droite. — Saisir le levier de manœuvre du volet avec la main droite, le tirer vers le bas jusqu'à l'arrêt du mouvement en le maintenant rabattu tant que le canon n'est pas arrivé à sa position de batterie. Les chargeurs déverrouillent le traîneau.

Pour déverrouiller le traîneau. — Saisir d'une main la poignée de manivelle du verrou en la tirant à soi pour dégager l'axe de son logement, la faire tourner vers le bas en l'amenant vis-à-vis du bouchon-logement; abandonner la poignée pour laisser l'axe pénétrer dans son logement.

Pour verrouiller le traîneau. — Opérations inverses.

L'amorceur et le tireur mettent en place la poulie, l'amorceur déboucle la courroie d'attache, fixe le crochet de la poulie à l'anneau fixe de culasse et laisse reposer la poulie à plat sur le canon; le tireur met le crochet de la corde de la manœuvre à l'anneau droit d'attelage pour la rentrée en batterie [1].

L'amorceur, le tireur et le deuxième pourvoyeur font effort vers l'avant sur la corde de manœuvre au commandement « *Prêt* » du pointeur et amène le canon à la position de tir [2].

Le pointeur repose alors le volet d'entre-toise à gauche en relevant le levier et ferme la porte avant du châssis; l'amorceur remet la poulie dans son logement.

8. *Mettre le canon en batterie.* — Le canon étant sur son avant à la position de tir, les deux pourvoyeurs se portent

---

[1] En cas de rupture de l'anneau droit, le crochet de manœuvre se fixe à l'anneau gauche d'attelage; la traction sur la corde de manœuvre est alors exercée par les servants de gauche, les pointeurs exceptés.

[2] Lorsque les servants tirent sur la corde pour ramener le canon à sa disposition de batterie, il y a intérêt à ce que l'effort exercé dans la dernière partie du mouvement soit continu. Si cette condition n'est pas remplie, le canon n'arrive pas exactement à sa position et, comme le volet ne peut pas être fermé, il devient nécessaire alors de faire reculer un peu le canon et de recommencer l'opération.

à la crosse; le deuxième pourvoyeur abat le levier de pointage en arrière, le premier pourvoyeur dégage la chaînette de l'anneau de cheville ouvrière. Tous deux soulèvent la crosse par les poignées, aidés des chargeurs qui soulèvent l'affût.

Pour abattre le levier de pointage en arrière. — Saisir de la main gauche la poignée de l'axe du levier de pointage en tirant à soi pour dégager l'axe de son logement, et la faire tourner en la rabattant vers la crosse; saisir ensuite de la main droite la traverse du levier de pointage, rabattre le levier vers la crosse pour engager le bec d'accrochage sur son axe, ramener alors la poignée de l'axe vers l'avant à sa position primitive en engageant l'axe dans son logement.

Pour rabattre le levier de pointage sur la flèche. — Faire tourner la pointe de l'axe du levier de pointage vers la crosse comme précédemment; rabattre le levier de pointage sur la flèche pour le mettre en prise avec la griffe de retenue; faire pivoter vers l'avant la poignée dont on engage l'axe dans son logement. Dès que la cheville ouvrière est engagée dans son anneau, le premier pourvoyeur commande « *Prêt* », l'avant-train est emmené, les servants posent la crosse à terre.

La manœuvre étant terminée et les différents organes qui ont fait l'objet de l'instruction étant revenus à leur position primitive, l'instructeur fait remettre le canon à la position de route.

9. *Mettre le canon à la position de route.* — Les pourvoyeurs soulèvent la crosse, les chargeurs se portent aux roues de l'avant-train qui a été amené le plus près possible de sa position définitive et le déplacent, s'il y a lieu, de façon à ce que la cheville ouvrière se trouve exactement au-dessous de l'anneau.

Les pourvoyeurs laissent reposer la crosse sur l'avant-train [1], le deuxième pourvoyeur relève s'il y a lieu le levier de pointage pour permettre au premier pourvoyeur de mettre la chaînette, puis il fixe le levier sur la flèche. L'amorceur et le tireur placent la poulie, l'amorceur fixe le crochet de la poulie à l'anneau fixe de culasse, le tireur fixe le crochet de la corde à l'arrêtoir du levier de pointage, le pointeur ouvre la porte avant du châssis, amène le volet d'entre-toise à gauche et commande « *Prêt* ». A ce commandement, l'amorceur, le tireur et le deuxième pourvoyeur font effort vers l'arrière sur la corde de manœuvre

---

[1] Le premier pourvoyeur, avant de laisser reposer la crosse, s'assure que l'anneau mobile de cheville ouvrière se trouve du côté des chevaux, et le met au besoin dans cette position pour empêcher l'anneau de se coincer avec la chaînette à T.

pour mettre le canon à la position de route. Si le commencement du mouvement présente quelques difficultés, le chargeur s'applique également à la corde de manœuvre et, le démarrage effectué, se reporte au verrou du châssis de son côté.

Les chargeurs verrouillent le traineau sur son châssis, l'amorceur remet la poulie dans sa case et boucle la courroie, puis il ramène le crochet de la corde contre la chape de la poulie, enroule le brin libre autour de la traverse du levier de pointage et arrête l'épissure dans un des brins.

FONCTIONS DES SERVANTS.

ARTICLE II.

SERVANTS DES CAISSONS.

I. Position des Servants.

10. Le pourvoyeur d'un caisson est placé devant le coffre qu'on épuise du côté du canon. Le déboucheur (ou l'amorceur) se trouve à côté de lui, séparé (dans le cas des coffres milieu ou avant) par la flèche du caisson.

II. Ouvrir et fermer les coffres [1].

11. Accrocher les chaines de sûreté aux crochets d'avant-train, enlever les cadenas et les fixer aux anneaux qui terminent les moraillons.

Ouvrir le coffre en faisant tourner l'espagnolette et en abattant la porte.

Pour fermer le coffre, employer les moyens inverses.

III. Prendre les obus dans les coffres.

12. L'instruction est faite tantôt avec le caisson de droite, tantôt avec celui de gauche.

---

[1] Cette opération est faite indifféremment par les deux servants du caisson.

Les coffres sont épuisés dans l'ordre suivant :

Coffre de milieu, coffre d'avant, coffre d'arrière [1].

Dans chaque coffre, le pourvoyeur épuise le casier qu'il a devant lui, le déboucheur ou amorceur épuise ensuite le sien [2].

L'obus est placé sur son culot au milieu du couvercle du coffre qui forme table d'appui et maintenu à deux mains par le pourvoyeur jusqu'à ce qu'il soit débouché ou muni de sa fusée. A ce moment, le pourvoyeur du caisson à gauche (droite) fait basculer l'obus qu'il reçoit dans sa main droite sous l'ogive et le soutient de la main droite (gauche) au culot. Il le passe au chargeur qui le saisit de la même façon que lui en passant ses bras sous ceux du pourvoyeur.

Pour ce mouvement les deux servants doivent faire face du même côté, sensiblement dans la direction de la bouche du canon [3].

IV. Prendre les douilles dans le coffre.

13. Le pourvoyeur prend les douilles dans leurs cases, en commençant par la rangée supérieure et, dans chaque rangée, par le côté opposé au canon.

V. Fonctions du déboucheur.
Déboucher les évents pour le tir fusant.
Disposer le débouchoir.

14. Le débouchoir sert à déboucher l'évent, c'est-à-dire à percer la fusée en un point convenablement choisi pour que le projectile éclate en l'air au point voulu.

Monter le débouchoir. — Sortir le débouchoir de sa gaine et rabattre le couvercle, retirer le levier de son logement en tirant sur le verrou placé à la base de la poignée et s'assurer que l'extrémité postérieure du porte-lame affleure le bord du chariot, ramener le porte-lame en arrière [4], s'il

---

[1] Lorsque les servants épuisent les coffres du milieu et d'avant, leur protection est assurée par l'arrière-train et les paquetages qu'il porte. Il n'en est pas de même lorsque les servants se trouvent devant le coffre arrière. A toute interruption du feu, le chef de pièce devra donc faire ravitailler les coffres d'avant et du milieu par le coffre arrière, dont l'emploi sous le feu devra être évité autant que possible.

[2] En déposant au besoin sur le coffre des boîtes à accessoires qui empêchent de prendre les obus dans le coffre avant.

[3] Il peut être avantageux, lorsque le tir est terminé, de répartir les munitions d'un coffre par quantités égales dans chaque case. Le chef de pièce le fait faire s'il y a lieu par simple indication.

[4] Se servir à cet effet du tenon triangulaire du méplat du levier, celui-ci à tenir horizontalement.

y a lieu; fixer le levier sur le chariot; à cet effet, le saisir dans la main droite, le méplat tourné vers le débouchoir, les dents en dessous; orienter son axe de façon à ce que les pans coupés soient perpendiculaires au levier et relever le verrou de l'axe.

Introduire le méplat du levier entre les deux flasques du chariot et le faire glisser sur le plan interne de l'échancrure; s'assurer que le T de la chaînette s'accroche aux griffes supérieures du chariot. Faire effort vers le bas pour introduire les dents dans la crémaillère du porte-lame puis faire tourner l'axe et rabattre le verrou sur le pan coupé supérieur de l'axe, de manière à ce qu'il pénètre dans le flasque du chariot.

Démonter le débouchoir. — Disposer le débouchoir aux divisions C^r 100 et distance 0. Enlever le levier du chariot par les moyens inverses de ceux exposés ci-dessus, le replacer dans la poignée du débouchoir et s'assurer que le verrou l'immobilise bien. Remettre le débouchoir dans sa gaine.

VI. Maniement du débouchoir.

15. Le déboucheur est à son poste comme il est prescrit au n° 10 et placé devant lui, sur la matelassure du couvercle du coffre, le débouchoir démonté; le pourvoyeur prend un obus à balles comme il est prescrit au n° 12.

Au commandement : «*Correcteur tant*», par exemple : «*Correcteur 110*», appuyer avec le pouce de la main gauche sur le poussoir de l'index du correcteur, faire tourner avec la main droite dans le sens convenable le limbe gradué, jusqu'à ce que la division prescrite soit en face de l'index; abandonner le poussoir qui remonte de lui-même dans son logement si la division prescrite est exactement en face de l'index; dans le cas contraire, agir sur le limbe dans le sens convenable, lire et annoncer à haute voix la division placée du correcteur sous la forme : «*Correcteur tant*», par exemple «*Correcteur 110*».

Au commandement : «*Telle distance*», par exemple 5,600. Tourner le débouchoir de façon à ce que l'index des distances soit en face du déboucheur, desserrer le bloqueur en amenant sa tête quadrillée vers l'extérieur et faire tourner à l'aide du levier l'écrou porte-lame, de manière à amener la division prescrite exactement en coïncidence avec l'index. Serrer le bloqueur, lire et annoncer à haute voix la distance marquée, sous la forme : «*Telle distance*», par exemple : «*5,600*».

Ces opérations faites, le déboucheur coiffe l'obus avec le débouchoir et fait tourner celui-ci lentement dans le sens des aiguilles d'une montre jusqu'à ce que l'encoche vienne coiffer le tenon de la fusée. Il maintient d'une main la poignée et de l'autre abaisse à fond le levier pour passer la fusée. Il le relève complètement pour dégager la lame, puis l'abandonne.

Il enlève le débouchoir et le replace devant lui. Si après un premier commandement : « *Correcteur tant, telle distance* », l'instructeur en fait un autre donnant seulement la distance sans indiquer la division du correcteur, par exemple : « *Telle distance, 5,000* », le déboucheur ne modifie que la distance, sans faire varier le correcteur.

Le déboucheur doit avoir grand soin :

De ne pas faire tourner le débouchoir sur l'ogive en sens contraire des aiguilles d'une montre, sans quoi on risquerait de dévisser la fusée;

De ne pas le faire tourner trop rapidement, sans quoi l'encoche pourrait sauter par-dessus le tenon;

De relever suffisamment le levier pour retirer entièrement la lame de la fusée, sans quoi on risquerait d'amener la rupture de la lame dans la fusée en enlevant le débouchoir.

Au commandement : « *Tir percutant* », le déboucheur cesse de déboucher les évents et laisse le débouchoir monté devant lui.

VII. Amorcer les obus explosifs.

16. (*Paragraphe réservé jusqu'à l'adoption du projectile.*)

VIII. Mettre la bêche de crosse à la position de tir et la relever.

17. La crosse étant soulevée par les deux pourvoyeurs, aidés des chargeurs, le premier pourvoyeur dégage la bêche mobile de son bec d'accrochage en soulevant avec la main gauche la poignée de manivelle du bec d'accrochage et fait pivoter cette bêche vers l'arrière en la soutenant et en l'accompagnant avec la main droite. Il ramène la demi-gorge supérieure ou inférieure, suivant les cas, vis-à-vis de son axe d'accrochage et fixe la bêche à cette position en agissant dans le sens convenable sur la manivelle du bec d'accrochage.

Position inclinée. — Dans la plupart des terrains la position la plus inclinée qui correspond à la demi-gorge supérieure est celle qui convient pour le tir.

C'est à cette disposition que les servants mettront la bêche, sauf indication contraire.

Position verticale. — Dans le cas du terrain très friable, le chef de pièce fera mettre la bêche à la position la plus verticale correspondant à la demi-gorge inférieure.

Dans le cas du tir sur plate-forme, et dans celui où la crosse pourra être appuyée à un obstacle résistant, tel que madriers, rails, rocailles, on laissera la bêche mobile relevée et on utilisera la petite bêche fixe (dite bêche de roc).

Pour relever et fixer la bêche mobile à la crosse, se servir des moyens inverses. Toutefois, l'enclenchement du bec d'accrochage et du crochet de retenue se fait automatiquement, à la fin du mouvement, lorsqu'on relève la bêche mobile.

ARTICLE III.

FONCTIONS DES CHARGEURS.

18. La pièce se trouvant en batterie, entre ses deux caissons, la charge s'exécute tantôt à droite, tantôt à gauche. Dans ce qui suit, on suppose que la charge s'effectue à gauche; lorsqu'elle s'exécute à droite, il faut intervertir les fonctions de premier et deuxième chargeurs, en raison de la fatigue qu'impose un tir rapide au chargeur et au pourvoyeur. Il est bon de faire permuter entre eux les deux chargeurs et les deux pourvoyeurs lorsqu'on a tiré une dizaine de coups avec le même caisson [1].

19. *Positions des chargeurs.* — La place du chargeur et ses mouvements n'ont rien d'absolu. Il dépend de sa taille, de ses aptitudes, de la rapidité du tir et de l'emplacement du caisson. En général, il se place à l'abri du bouclier, à hauteur de la tranche de culasse; quand il n'est pas occupé au chargement, il fait face en avant.

20. *Charger la pièce.* — La pièce étant en batterie, la culasse ouverte, le premier chargeur dégage le refouloir court de ses supports, le passe au deuxième chargeur, puis il reçoit l'obus des mains du pourvoyeur, l'introduit dans la chambre de façon à ce que la ceinture dépasse le verrou de retenue et ne l'abandonne que lorsqu'il s'est assuré que le verrou fonctionne bien et empêche le projectile de revenir en arrière.

Le deuxième chargeur assujettit le projectile à sa position de chargement avec le refouloir court.

---

[1] Dans le cas des grands angles de tir, il peut y avoir intérêt à ce que ce soit toujours le même chargeur qui manie le refouloir court.

Le chargeur reçoit la douille des mains du pourvoyeur et l'introduit de même dans la chambre.

21. *Emploi du refouloir court.* — Pour refouler, enfoncer le refouloir avec la main droite (main gauche pour le deuxième chargeur) et refouler le projectile jusqu'à ce qu'il ne puisse plus avancer. Il importe pour la précision du tir que l'obus soit enfoncé et assujetti à sa position de chargement toujours de la même façon d'un coup à l'autre.

22. La manœuvre s'exécute généralement avec des obus en bois, mais afin de ne pas habituer le personnel à escamoter les mouvements, il est nécessaire de faire exécuter fréquemment le chargement avec des obus lestés.

Lorsqu'on opère avec des obus en bois, il suffit d'amener doucement le projectile à sa position de chargement afin de ne pas abîmer la ceinture.

Lorsqu'il y a lieu de décharger la pièce, se conformer aux indications énoncées au n° 35 : Emploi du refouloir long.

23. *Verrouiller le châssis sur l'affût; le deverrouiller.* — Cette opération exige le concours du pointeur.

Déverrouiller. — Chacun des chargeurs saisit la poignée de manivelle du verrou de son côté, en l'attirant à soi pour dégager l'axe de son logement, et la fait tourner en rabattant vers l'arrière jusqu'à ce que l'axe de la poignée pénètre dans son nouveau logement. Si la manœuvre présente de la dureté, le pointeur agit sur le volant de pointage en hauteur, dans le sens convenable pour donner au châssis un léger déplacement en hauteur favorable au dégagement des verrous d'accrochage.

24. *Pour verrouiller le châssis sur l'affût.* — Opérer dans l'ordre inverse en faisant agir par le pointeur sur le volant de pointage en hauteur pour faciliter l'introduction des verrous dans leur logement.

ARTICLE IV.

FONCTIONS DU TIREUR.

I. Position des tireurs.

25. Le tireur, selon les circonstances, se place debout, face au canon, entre la roue droite et la culasse, ou bien enfourche le siège de droite, s'assied face au canon et laisse tomber les mains sur le côté.

II. Retirer l'appareil de pointage de sa boîte. Le replacer.

26. Faire pivoter le tourniquet pour dégager la patte de fermeture, rabattre complétement le couvercle, retirer avec précaution l'appareil de pointage en le saisissant à pleine main. Par la monture du prisme réflecteur, le donner au pointeur, refermer le couvercle.

27. Avant de placer l'appareil dans sa boîte, le pointeur met la bague au 10 diamétralement opposé au 10 d'origine et le limbe à o, le collimateur horizontal, le miroir de pointage rabattu sur le volet du collimateur et passe l'appareil au tireur qui le remet dans sa boîte. A cet effet, ouvrir la boîte, saisir l'appareil à pleine main par la monture du prisme réflecteur, l'introduire avec précaution dans sa boîte, l'axe optique du collimateur parallèle à l'axe du canon, jusqu'à ce qu'il repose sur ses coussinets; rabattre le couvercle, le fermer au moyen de la patte du tourniquet.

III. Déverrouiller l'essieu et le verrouiller.

28. Enlever la goupille, desserrer l'écrou à oreilles de serrage de la tringle de verrouillage de l'essieu, rabattre cette tringle le long de l'affût et la fixer à sa patte de fixation à l'aide de la goupille.

Si le tireur éprouve de la difficulté pour desserrer l'écrou à oreilles, cette difficulté provient presque toujours de ce que le canon n'est pas au milieu de l'essieu.

29. Pour verrouiller, le tireur emploi les moyens inverses après avoir amené la pièce au milieu de son essieu.

IV. Maniement du bloc de sécurité.

30. Le bouton de la came du bloc de sécurité peut prendre deux positions : la position supérieure, *« Manœuvre »*; la position inférieure, *« Tir route »*.

1° La culasse étant fermée, le bloc de sécurité étant à la position de tir ou route, saisir de la main gauche le bouton de la came du bloc de sécurité, le faire tourner vers le bas jusqu'à l'arrêt du mouvement et l'abandonner. Lorsque la pièce est chargée, ce mouvement s'exécute avant la mise de feu, et pour le premier coup seulement, sauf dans le cas, où un raté aurait nécessité le retour du bouton de la came du bloc de sécurité à la position « *Manœuvre* » pour permettre l'ouverture du bloc de la culasse.

2° La culasse étant fermée, le bloc de sécurité à la position de tir, pour le mettre à la position de *«Manœuvre»*, ramener le bouton de la came vers le haut jusqu'à l'arrêt du mouvement. Dans les manœuvres, alors qu'on exécutera des tirs réels le bouton de came reste à la position *«manœuvre»*.

V. Maniement du verrou de route du marteau.

31. La culasse étant fermée, le marteau étant à la position de l'abattu, pour libérer le marteau, le tireur saisit la tête quadrillée du verrou et le tire à lui jusqu'à l'arrêt du mouvement.

VI. Ouvrir et fermer la culasse.

32. La culasse étant fermée, le verrou du marteau tiré, le bouton de la came du bloc de sécurité se trouvant à la position *«Manœuvre»*, saisir la poignée avec la main droite en appuyant fortement de haut en bas pour dégager son tenon d'accrochage, tirer brusquement à soi et faire pivoter tout le système vers la droite en l'accompagnant jusqu'à l'arrêt du mouvement; assurer le contact du levier de manœuvre avec le canon; en évitant tout rebondissement, laisser remonter à fond la poignée pour permettre l'accrochage du levier d'accrochage de la culasse ouverte avec le tenon; abandonner alors la poignée.

33. Pour fermer la culasse, saisir la poignée avec la main droite en appuyant fortement pour dégager le levier d'accrochage de son tenon, faire pivoter tout le système brusquement vers la gauche en le poussant à fond jusqu'à l'arrêt du mouvement; abandonner la poignée.

VII. Mettre le feu.

34. Le tireur étant debout, la culasse fermée, la came du bloc de sécurité à la position de tir, le marteau libre :

Au commandement : *«Pour le premier coup»*, le tireur se retire en dehors de la roue droite et à 5o centimètres en arrière.

Au commandement *«Feu»* il se penche pour saisir de la main droite la poignée du tire-feu, tend le cordon, le tire fortement sans élever la main, par un mouvement brusque et suffisamment prolongé pour que le marteau vienne frapper le percuteur, puis l'abandonne alors vivement. Le tireur étant assis sur son siège, au commandement : « *feu !* », il saisit de la main gauche la poignée du tire-feu, prend appui de la main droite sur la roue droite du caisson et met le feu comme il vient d'être prescrit.

En cas de raté, le tireur doit recommencer de suite la mise de feu et s'arrêter après deux nouveaux essais infructueux.

Quand le raté s'est produit, le tireur étant à la position « *pour le premier coup* », il faut attendre quelques instants avant de recommencer l'opération [1].

VIII. Emploi du refouloir long.

35. Décharger la pièce. — Lorsque, dans un tir réel [2], il y a lieu de décharger la pièce, le refouloir long est manié par le tireur. A cet effet, le pointeur met la pièce horizontale, le tireur ouvre doucement la culasse pour ne pas faire fonctionner l'extracteur. Le deuxième chargeur retire de ses supports la partie médiane de la hampe, avec l'aide du tireur, l'assemble d'abord avec l'écouvillon, puis avec le refouloir évidé que lui tend le premier chargeur, en ayant soin, pour cette dernière opération, d'appuyer l'écouvillon sur l'affût. Le tireur prend le refouloir long ainsi constitué et se porte à la bouche ; il introduit le refouloir dans l'âme et frappe à petits coups sur l'ogive du projectile pour le décoler, puis le pousse doucement vers l'arrière ; le chargeur (1ᵉʳ ou 2ᵉ), suivant le cas, soulève à la main le verrou de retenue jusqu'à ce que le bourrelet de la douille l'ait dépassé, retire la douille dès qu'il peut la saisir et la passe au pourvoyeur, puis soulève de nouveau le verrou de retenue, jusqu'à ce que la ceinture du projectile l'ait dépassé. Dès que le culot arrive à la hauteur de la tranche de culasse, il le saisit avec la main droite (gauche), puis, prend le projectile de la main gauche (droite) sous l'ogive dès qu'il est possible [3] et le passe au pourvoyeur.

---

[1] Dans le cas où le cordon tire-feu serait cassé, le mouvement pourrait être donné au marteau par l'intermédiaire d'une lanière ou d'un cordage quelconque fixé à l'anneau inférieur du marteau et sur lequel s'exercerait la traction.

[2] Lors des instructions et quand on n'effectue pas des tirs réels, le maniement du refouloir long est assuré par un auxiliaire, les munitions retirées du canon sont reportées au caisson par un autre auxiliaire.

[3] Il est de toute nécessité que, dans l'opération du déchargement, le tireur ne pousse le projectile que très doucement, que le chargeur règle par ses indications les mouvements du tireur et saisit le projectile aussitôt que possible, de manière à éviter tout basculement et par suite toute dégradation du marteau.

36. Le refouloir long n'est démonté et remis en place qu'à la fin du tir.

ARTICLE V.

FONCTIONS DU POINTEUR.

I. MANIEMENT DES APPAREILS DE POINTAGE.

I. Position du pointeur.

37. Le pointeur se place à hauteur de la tranche de culasse, entre la roue gauche et le canon et reste debout tant que la pièce n'est pas assise.

II. Maniement de la lunette de pointage.

38. L'instructeur montre aux servants les différentes parties de la lunette et leur explique que cet instrument permet de parcourir un tour complet d'horizon tout en laissant l'œil à l'oculaire.

III. Mettre en place l'appareil de pointage.

39. Le pointeur reçoit du tireur la lunette, la tient avec la main gauche en dessous de la bague graduée, introduit la colonne dans la douille avec précaution, en même temps qu'avec la main droite il fait tourner dans le sens convenable la tête à oreille de l'axe à robinet ; il laisse descendre la lunette jusqu'à ce que le crochet du pied soit venu en prise avec l'axe à robinet qu'il laisse alors revenir de lui-même à sa position. Il n'abandonne l'appareil de la main gauche que lorsqu'il le sent bien fixé à sa position.

IV. Retirer la lunette.

40. Saisir de la main gauche la lunette en dessous du tambour ; agir en même temps de la main droite sur la tête à oreille de l'axe à robinet pour dégager le crochet du pied de la lunette et sortir l'appareil de la douille en le soulevant.

V. Rendre vertical l'appareil de pointage.

41. Découvrir le niveau d'inclinaison en faisant tourner l'écran vers le bas avec le pouce de la main droite, rabattre vers soi la manette de serrage de l'appareil de visée avec la paume de la main gauche, qui saisit ensuite le bouton moletté de la vis de commande du mécanisme de correction d'inclinaison, et le faire tourner dans le sens convenable jusqu'à ce que la bulle du niveau soit entre ses repères; relever ensuite vers l'avant la manette de serrage.

VI. Ouvrir les volets.

42. Appuyer avec le pouce de la main droite sur le ressort d'accrochage du volet, faire tourner le volet vers la gauche et le rabattre vers le bouclier; si le champ vertical donné par l'ouverture du demi-volet inférieur est insuffisante, ouvrir de même le demi-volet supérieur et l'accrocher avec le touret de verrouillage en passant la main par la fenêtre du bouclier. Aussitôt la pièce pointée refermer les volets et repérer [1].

FERMER LES VOLETS.

43. Employer les moyens inverses.

VII. Mettre en place la rallonge et y fixer l'appareil.

44. La rallonge d'appareil étant en place sur ses supports du bouclier, enlever la clavette avec la main droite tout en comprimant son ressort avec le pouce de la main gauche; saisir la rallonge avec la main droite et tirer à fond avec la main gauche le bouton de manœuvre vers la gauche, pour décrocher le plateau d'accrochage de la douille; sortir de la rallonge sans forcer le pied, de son support de droite, introduire le pied de la rallonge dans la douille de la patte de liaison du support d'appareil des visées, avec le châssis, l'ergot dans son repos.

Pour enlever la rallonge et la fixer sur le bouclier, opérer par les moyens inverses.

---

[1] Si, par exception, on ne peut faire usage que d'un point de pointage en avant, laisser les volets ouverts.

45. Pour placer la lunette de pointage dans la rallonge (et pour la retirer) opérer de la même façon que pour la placer (ou la retirer) sur la douille du secteur support de lunette, en maniant l'axe à robinet de la main gauche et en tenant la lunette par la monture du prisme réflecteur avec la main droite.

VIII. Donner la dérive.

46. L'instructeur exerce d'abord les canonniers à lire les graduations de la bague et du limbe, en leur faisant remarquer que les graduations de la bague donnent les chiffres des mille et des centaines de la dérive; que la graduation du limbe donne les chiffres des dizaines et celui des unités, et que chaque division de la bague correspond à cent millième du limbe. Puis il les exerce à lire la graduation de la bague correspondant à une position déterminée de cette bague par rapport à l'index et ensuite à faire marquer à l'index une division donnée de la bague; il leur apprend également à amener le trait de repère du limbe vis-à-vis d'une division de ce limbe et à donner des dérives correspondant à des changements de bague et de limbe.

La dérive est annoncée sous la forme, *«Bague tant»* *«Limbe tant»*, le premier comprenant le total des centaines (par exemple o ou 3, ou 25, etc.), le second comprenant le total des unités (par exemple 32 ou 10, ou 7, etc.).

47. Au commandement *«Bague 25»* *«Limbe 75»*, desserrer la vis-frein du limbe, tourner la manivelle du limbe, dans le sens convenable jusqu'à ce que le premier des traits de la bague encadrant l'intervalle de la cinquième centaine du deuxième mille[1] dans le demi-cercle convenable arrive en face de l'index, continuer de tourner dans le même sens jusqu'à coïncidence du trait de repère du limbe et du chiffre d'unité indiqué (75)[2]. Serrer la vis-frein, puis lire les graduations marquées par la bague et le limbe et les énoncer à haute voix sous la forme *«Bague 25»* *«Limbe 75»*.

IX. Corriger la dérive.

48. Toutes les fois qu'une modification de dérive est

---

[1] Le premier trait sera celui qui est à droite du chiffre des centaines, si le limbe tourné dans le sens des diminutions (sens des aiguilles d'une montre) et celui de gauche, si le limbe tourne dans le sens d'une augmentation (sens contraire des aiguilles d'une montre).

[2] En dépassant, s'il y a lieu, la division voulue de manière à terminer le mouvement avec la manivelle dans le sens inverse des aiguilles d'une montre.

commandée sous la forme : «*augmentez* (ou *diminuez*) *de tant*» le pointeur annonce à haute voix la dérive, puis desserre la vis-frein et tourne la manivelle du limbe dans le sens convenable jusqu'à ce que le trait de repère ait parcouru le nombre de divisions correspondant à la correction de dérive commandée, et serre la vis-frein. L'opération terminée, il lit et annonce la nouvelle dérive sous la forme :

«*Bague tant*», «*Limbe tant*».

X. Prendre la ligne de foi.

49. *a*) *Lunette de pointage.* — La ligne de foi est une ligne verticale droite qu'on aperçoit en regardant dans la lunette. Les canonniers sont exercés à reconnaître cette ligne en fermant l'œil et en plaçant l'autre le plus près possible de la lunette.

b) *Collimateur.* — La ligne de foi est une ligne claire verticale qu'on aperçoit sur le fond noir lorsqu'on regarde dans le collimateur.

Les canonniers sont exercés à reconnaître cette ligne, puis à la prolonger en dehors du collimateur. A cet effet, il faut :

1° Fermer l'œil gauche (ou l'œil droit).

2° Regarder dans le collimateur en évitant de pencher le corps en avant, de manière à tenir l'œil aussi éloigné que possible.

3° Imprimer à la tête un mouvement très rapide de bas en haut et de haut en bas, de manière à prolonger la ligne de foi.

Au fur et à mesure que le pointeur acquiert une plus grande habitude, ses mouvements deviennent de plus en plus réduits.

XI. Donner la hausse.

50. L'instructeur exerce d'abord les canonniers à lire une distance sur le tambour gradué des portées, puis il leur apprend à donner la hausse au commandement :

«*Telle distance, par exemple 5400*».

Agir de la main droite sur le tambour moletté en le faisant tourner dans le sens convenable, de manière à amener la division du tambour gradué vis-à-vis du biseau inférieur de la fenêtre (ou du trait de repère).

Dans le cas d'un grand déplacement, appuyer à fond avec le pouce de la main gauche sur le doigt de débrayage, saisir à pleine main avec la main droite la douille du secteur porte-lunette, déplacer ce secteur dans le plan vertical et dans le sens convenable jusqu'à ce que la division indiquée vienne dans le voisinage du biseau de la fenêtre. Abandonner ensuite le doigt de débrayage qui revient automatiquement à sa position primitive et achever de placer exactement la division à l'aide du tambour moletté comme il est dit précédemment. Découvrir le porte-fiole du niveau de tir en rabattant l'écran, agir ensuite sur le volant de pointage en lenteur pour amener la bulle entre ses repères [1].

XII. Donner l'angle de site.

51. Le pointeur étant à son poste, l'instructeur l'exerce d'abord à lire la graduation des angles de site. Il lui explique que la partie arrière du secteur et le tambour arrière gradué en rouge correspondent aux angles de site négatifs, la partie avant du secteur et le tambour avant gradués en blanc aux angles de site positifs, que chaque division du secteur vaut cent millièmes et équivaut à un tour complet du tambour gradué lui-même en millièmes.

Le pointeur est ensuite exercé à placer les divisions indiquées vis-à-vis des index.

52. Au commandement :

« Angle de site (plus ou moins) tant »

l'index étant à 0, tourner le bouton moletté du tambour dans le sens convenable de façon à amener l'index du secteur vis-à-vis du trait de la graduation correspondant au nombre des centaines indiquées (0, 1, 2) et continuer à tourner dans le même sens jusqu'à ce que la division du tambour vienne en face de son trait de repère [2].

Ramener ensuite la bulle du niveau entre ses repères à l'aide du volant de pointage en hauteur [3].

II. Pointage en direction.

53. Pointer en direction, c'est faire passer la ligne de

---

[1] En terminant le mouvement que la rotation de la partie supérieure du volant ait lieu de bas en haut.

[2] Terminer le mouvement dans le sens inverse des aiguilles d'une montre.

[3] En terminant le mouvement de façon à ce que la rotation de la partie supérieure du volant de pointage ait lieu d'arrière en avant.

foi de la lunette de pointage par le point de pointage en déplaçant le canon.

Dans le cas du pointage en avant, il y a généralement intérêt pour dégrossir le pointage à se servir du collimateur fixé à la lunette.

POINTAGE EN DIRECTION PAR DÉPLACEMENT DE LA CROSSE.

54. Cette opération exige le concours des pourvoyeurs et des chargeurs.

Les pourvoyeurs et les chargeurs se portent des deux côtés de la crosse en se faisant face, saisissent chacun de leur côté des poignées d'affût, les chargeurs du côté de la culasse; tous les quatre font effort pour soulever la crosse. Le chef de pièce saisit la traverse du levier de pointage et aide les servants à diriger la crosse dans le sens indiqué par le pointeur. Celui-ci, restant debout, fait déplacer la crosse en faisant les indications nécessaires avec la main droite placée sur le châssis, de manière à ce que la ligne de foi [1] passe par le point de pointage.

55. Le point de pointage peut être soit un point du but, soit un point pris en dehors du but situé en avant, sur le côté ou en arrière, un objet naturel, un jalon, la ligne des boutons d'un homme, le manchon de la lunette de batterie ou la lunette de pointage d'une pièce voisine.

Lorsque le pointeur est gêné par le bouclier ou par la bouche de la pièce, il se sert de la rallonge de la lunette de pointage.

II. Pointage en direction par coulissement sur l'essieu.

56. Le pointeur fait glisser l'affût sur l'essieu en faisant tourner avec la main gauche la manivelle du volant de pointage en direction dans le sens convenable jusqu'à ce que la ligne de foi de la lunette ou la ligne de foi prolongée du collimateur passe par le point de pointage.

Il est généralement aidé par le tireur qui agit sur le volant de direction de son côté et selon les indications du pointeur.

III. Repérer en direction.

57. Le canon étant mis en direction, le repérage en

---

[1] Du collimateur ou de la lunette suivant les cas.

direction consiste à diriger la ligne de foi de la lunette sur le point de repérage choisi sans toucher au canon.

Pour repérer, choisir un point de repérage, diriger le viseur de la lunette sensiblement dans la direction de ce point de repérage en agissant sur la manivelle du limbe, tourner ensuite le Bouton moleté de repérage [1] pour amener le point de repérage vers le milieu du champ vertical de la lunette; agir à noûveau sur la manivelle du limbe pour amener la ligne de foi du repérage.

Le pointeur choisit comme point de repérage un point bien visible, à une distance autant que possible à 5o mètres et situé sur le côté ou à l'arrière de la pièce [2]. Ce point doit être fixe, facile à reconnaître et ne pas être exposé à disparaître au cours du combat.

58. Le repérage étant effectué, lorsqu'il y a lieu de ramener le canon en direction après dépointage, on ne doit pas toucher à la dérive, mais agir simplement, d'une part sur le volant de pointage en direction et de l'autre, s'il y a lieu, sur le bouton moleté du repérage.

59. Le pointeur peut encore avoir besoin de rechercher simplement la dérive de repérage correspondant à un point désigné dans une direction quelconque. Dans cette opération, il emploie la rallonge s'il y a lieu.

IV. Modifier la direction.

60. *a*) Par tours de volant.

Le canon étant pointé, au commandement :

« A droite (gauche) tant de tours »

le pointeur donne le nombre de tours de volant commandés.

61. *b*) Par lecture directe sur la réglette de direction de l'essieu du commandement :

« A gauche (droite) tant de millièmes »

le pointeur fait coulisser le canon sur l'essieu du nombre de millièmes indiqués.

62. Dans l'un ou l'autre cas, si ensuite on lui commande *« Pointez »*, il repointe sur son point de repérage en agissant en sens inverse sur le volant de pointage en direction.

Si, au contraire, on lui commande *« Repérez »*, il repère comme il est dit au n° 57.

---

[1] Bouton moleté de vis de commande du mouvement vertical de la ligne de visée.

[2] Exceptionnellement en avant, le point de repérage en avant ayant l'inconvénient d'exiger l'ouverture de la fenêtre du bouclier.

III. Pointage en hauteur.

63. Le pointage en hauteur s'exécute toujours au niveau. Il consiste, après avoir donné l'angle de site et la hausse, à amener la bulle du niveau de tir entre ses repères, à l'aide du volant de pointage en hauteur [1]. Pendant cette opération, le pointeur a soin de se pencher fortement en avant, de manière à regarder la fiole de haut en bas.

IV. Pointage en direction et en hauteur.

64. Lorsque les canonniers exécutent correctement les opérations indiquées au n° 53 et suivants, ils sont exercés à pointer sans interruption en direction et en hauteur.

Les opérations s'exécutent dans l'ordre suivant :

1° Donner ou modifier, s'il y a lieu, la dérive, l'angle de site, la hausse.

2° Dégrossir, s'il est nécessaire, le pointage en hauteur pour pouvoir pointer en direction.

3° Pointer en direction (Nos 53 à 56).

4° Pointer en hauteur (N° 63).

Dès que le pointeur a terminé pour rectifier un pointage, il lève la main droite à hauteur du col en faisant à haute voix l'indication « *Prêt* ».

CHAPITRE II.

ÉCOLE DE LA PIÈCE.

———

ARTICLE 1er.

DISPOSITIONS PRÉLIMINAIRES.

———

I. Formation du peloton de la pièce.

65. La pièce se compose d'un canon, de deux caissons (voir n° 4), du personnel nécessaire pour la servir placé

———

[1] Terminer le mouvement de façon à ce que la rotation de la partie supérieure du volant de pointage ait lieu d'arrière en avant.

sous le commandement d'un chef de batterie. Au commandement *Rassemblement*, les huit servants se forment sur deux rangs dans l'ordre suivant, en allant de la gauche à la droite.

2e Rang : 1er chargeur, pointeur, tireur, 2e chargeur.

1er Rang : Déboucheur, 1er pourvoyeur, 2e pourvoyeur et amorceur.

II. Place des servants sur les coffres.

66. Les servants prennent leur place sur les coffres au commandement : *Canonniers, montez*.

A ce commandement, les canonniers, au pas de gymnastique, mettant s'il y a lieu l'arme à la grenadière, sans engager le bras droit entre le mousqueton et la bretelle, et vont occuper leurs places sur les coffres.

	A GAUCHE	A DROITE
1er caisson avant-train...	1er pourvoyeur	déboucheur
arrière-train..	pointeur	2e chargeur
2e caisson avant-train...	amorceur	2e pourvoyeur
arrière-train.	2e chargeur	tireur

Dès qu'ils sont assis, ils mettent la crosse du mousqueton entre leurs cuisses, l'arme suspendue au cou par la bretelle, ils saisissent de la main extérieure la poignée du coffre et de la main intérieure le mousqueton près du levier.

Au commandement : *Canonniers, descendez*, ils sautent vivement à terre et se rassemblent dans l'ordre prescrit au n° 6.

III. Dispositions de combat.

67. Le canon et les caissons étant sur leurs avant-trains, au commandement : *Dispositions de combat*, les servants se portent au canon et aux caissons, le déboucheur prend les clefs dans le coffret de flèche et en donne une au tireur et à chaque pourvoyeur, puis il distribue l'ouate aux servants. Le pointeur défait le couvre-support de l'appareil de pointage et le fixe au dossier d'avant-train du premier caisson. Le chargeur défait le couvre-avant du châssis et le fixe au-dessus du premier caisson. Le tireur défait le couvre-culasse, le deuxième chargeur défait le couvre-bouche, il les fixe au dossier de l'avant-train du deuxième caisson.

Le tireur enlève le cadenas de la boîte de lunettes et le

donne, avec la clef, au déboucheur; le déboucheur enlève le cadenas de la gaine-débouchoir et le fixe au moraillon.

Les pourvoyeurs ouvrent les cadenas des coffres et les fixent à l'anneau inférieur des moraillons, puis rendent les clefs au déboucheur. Le déboucheur remet le cadenas de la boîte de lunettes et les trois clefs dans le coffret de flèche qu'il referme.

Le chef de pièce s'assure que le frein est paré pour le tir (voir entretien du matériel).

68. Au commandement : «*Dispositions de combat*», les conducteurs employés au service de la pièce, s'ils portent le manteau, le disposent de la manière suivante :

1° Relever les pans de la retonde sur l'épaule, de manière à ce que les pointes se rejoignent au milieu du dos;

2° Relever de nouveau les doubles pans ainsi formés pour amener également les pointes au milieu du dos;

3° Agrafer.

IV. Dispositions de route.

69. Au commandement : «*Dispositions de route*», les servants replacent les couvre-organes qui ont été enlevés lors des dispositions du combat; les pourvoyeurs, après avoir reçu du déboucheur les clefs des caissons, referment les coffres, replacent les cadenas et rendent les clefs au déboucheur. Le tireur reçoit de ce dernier la clef et le cadenas de la boîte de lunettes, referme la boîte et rend la clef au déboucheur.

Le déboucheur replace le cadenas de la gaine et remet les clefs dans le coffret de flèche qu'il referme ensuite.

ARTICLE II.

MISE EN BATTERIE.

70. Les voitures sont amenées par les chevaux et arrêtées de la façon suivante :

Le canon sur son avant-train, la volée dirigée vers le but, le premier caisson à un mètre à gauche, le deuxième à un mètre à droite, les roues des arrière-trains de caissons sont arrêtées à cinquante centimètres en avant de celles du canon (dans la direction opposée à l'objectif). Pour la manœuvre, quand il n'y a pas de tir réel, les trois arrière-trains sont disposés à la même hauteur.

Dès que les voitures s'arrêtent, les servants sautent à

terre, du côté du canon, successivement, en ayant soin de sauter en dehors des roues; ils déposent leur mousqueton à plat sur leur siège, le levier en dessous; ils mettent le canon en batterie (voir nᵒˢ 7 et 8). Les dispositions de combat sont prises, si elles ne l'ont pas été précédemment; le tireur donne l'appareil de pointage au pointeur. Le pointeur met en place l'appareil de pointage et le rend vertical (nᵒˢ 39 et 41).

Les chargeurs déverrouillent le châssis (nᵒ 23). Le tireur déverrouille l'essieu et fixe la tringle de verrouillage (nᵒ 28).

Les pourvoyeurs et chargeurs mettent la bêche à la position de tir (nᵒ 17).

Les deux pourvoyeurs abattent le bouclier articulé, le tireur déverrouille le marteau, met le bloc de sécurité à la position de manœuvre et ouvre la culasse (nᵒˢ 30, 31, 32).

Les chargeurs disposent les panneaux de roues en arrière et, au contact des roues, agrafent, s'il y a lieu, les cordes de retenue à l'essieu [1].

Le déboucheur et l'amorceur, chacun de leur côté, accrochent les chaînes de sûreté du caisson, retirent du coffre avant le débouchoir ou la boîte à fusée, ils les déposent provisoirement sur le siège de l'arrière-train, puis ils rabattent la porte du coffre du milieu sur la flèche des caissons et posent devant eux, sur cette porte, les objets indiqués précédemment.

Le chargeur prend le refouloir court.

Tous les servants prennent les postes définis à l'école du canonnier servant.

Le chef de pièce se place à droite ou à gauche du canon, à l'abri des boucliers, face au chef de section; il peut se porter momentanément sur tous les points où sa présence peut être utile pour le contrôle des opérations, sans toutefois enjamber l'affût.

71. Sous le feu, le chef de pièce et les servants prennent les positions qui, sans les empêcher d'accomplir leurs fonctions, leur assurent de la part du matériel le maximum de protection.

72. Au commandement : «*Rassemblement*», les servants reprennent leurs armes et se rassemblent dans l'ordre prescrit (nᵒ 65).

73. Au commandement : «*A vos postes*», ils prennent le pas gymnastique et vont prendre leurs postes.

---

[1] Si, par suite du terrain, les roues s'étaient enfoncées en terre, il convient de préparer avec les outils dont dispose la pièce un plan incliné qui supprime tout ressort en arrière des roues.

Amener les avant-trains.

74. Au commandement : «*Amener les avant-trains*», le premier pourvoyeur rabat le levier de pointage sur la flèche, mais sans le mettre en prise avec le bec de retenue, de façon à permettre à l'avant-train de raser la crosse.

Le déboucheur et l'amorceur décrochent et replacent les chaînes de sûreté; les pourvoyeurs, aidés du déboucheur et de l'amorceur, se portent au timon de leurs caissons respectifs et donnent aux avant-trains, en les écartant du canon, l'obliquité maximum qu'ils peuvent prendre par rapport à leur arrière-train afin de dégager le terrain et de faciliter l'amener de l'avant-train.

Dès que l'avant-train est amené, les servants remettent le canon à la position de route (n° 9), puis reprennent leurs mousquetons.

Mouvements à bras.

75. Le nombre de servants nécessaires pour déplacer à bras le matériel dépend du déplacement à effectuer, de la nature et de la pente du terrain. Les mouvements sont généralement successifs pour le canon et le caisson.

76. *Canon.* — En général, les huit servants de la pièce suffisent, ils se placent : le tireur et le pointeur aux roues, le chef de pièce au levier de pointage, les pourvoyeurs aux poignées de crosse, les chargeurs amorceurs et déboucheurs aux cordages engagés dans les poignées.

Nota. — La corde de la poulie peut servir à cet usage, l'amorceur en remettant la poulie en place, après la mise en batterie, double la corde à un mètre vingt environ de la poulie, et engage la corde ainsi doublée du haut en bas dans les deux poignées. Les servants disposent ainsi d'un brin double d'une longueur de un mètre environ de chaque côté des poignées sur lequel ils peuvent faire effort pour tirer le canon soit en avant, soit en arrière.

Si les huit servants ne suffisent pas, appeler les servants de la pièce voisine. Dans ce cas, se servir des cordes à chevaux portées pour les caissons et les fixer à la fusée d'essieu. Tous les servants s'attellent aux cordes à chevaux, sauf les deux pourvoyeurs qui soulèvent la crosse.

77. *Caissons.* —En principe, les servants de l'avant-train se portent au timon; ceux de l'arrière-train, aux roues de l'arrière-train. Les quatre servants de l'autre caisson aident aux mouvements, en prenant appui contre les coffres.

Si le terrain est très lourd, se servir d'une corde à chevaux qu'on fixe, suivant les cas, aux crochets d'arrière-train ou à la volée d'avant-train.

ARTICLE III.

PRÉPARATION DU TIR.

78. Mise en direction.

1° *À vue.* — L'instructeur se plaçant derrière le canon, fait déplacer la crosse par les pourvoyeurs, chargeurs, en utilisant la ligne de visée formée par le sommet de l'anneau fixe de culasse et l'un des crans de mire du bouclier ou par les génératrices supérieures du canon.

2° *Au moyen d'un point de pointage.* — Le pointeur, après avoir donné la dérive commandée, pointe avec le concours des pourvoyeurs, chargeurs et du chef de la pièce, comme il est prescrit au n° 54.

II. Repérage.

79. La pièce étant mise en direction, le pointeur opère en direction (n° 57), puis d'un angle de site commandé et, à moins d'indication contraire, met la hausse à 5,000.

80. Si, après repérage, il est commandé, une modification de dérive, le pointeur l'exécute, puis repointe sur son point de repérage en faisant déplacer la crosse.

III. Mesure de hausse minimum.

81. Le tir préparé, il peut y avoir parfois intérêt, dans une position masquée, à déterminer pour un angle de site donné la hausse minimum au-dessous de laquelle la pièce risquerait d'écrêter le masque.

Le pointeur fait marquer que l'angle de site donné agit sur le volant de pointage en hauteur, d'après les indications du chef de pièce qui fait diriger la ligne de mire naturelle [1] sur le sommet du masque. Le pointeur amène la bulle du niveau du tir entre ses repères en agissant sur le tambour moletté de hausse, et lit alors la graduation marquée sur la hausse et l'annonce. Cette distance, augmentée de la distance de la crête au masque, donne la hausse minimum pour l'angle de site donné. Elle est inscrite sur le

---

[1] Dans les pièces actuellement existantes, la ligne de mire ne peut être matérialisée que par la génératrice intérieure ou supérieure de l'âme.

bouclier ainsi que l'angle de site ; la pièce ne devra pas tirer à une hausse inférieure à la distance inscrite tant que l'angle de site ne devra pas changer.

ARTICLE IV.

EXÉCUTION DU TIR.

I. Charger.

82. Le canon étant pointé, au commandement : «*Correcteur tant, ou tir percutant ou à obus explosifs. telle distance*».

Le pointeur met la hausse à la distance indiquée ; le pourvoyeur, le déboucheur (ou l'amorceur) se conforment à ce qui est prescrit à l'école du canonnier servant.

Le chef de pièce commande : «*Pour le premier coup*». A ce commandement tous les servants se retirent en dehors des roues.

II. Mettre le feu.

83. Les servants étant retirés en dehors des roues, ou, si la pièce est assise, étant à leur poste, le chef de pièce commande «*Feu*».

Ce mouvement s'exécute comme il est prescrit au n° 34.

Le coup parti, les servants reprennent leur poste s'il y a lieu, le tireur ouvre la culasse et, s'il est nécessaire, le pointeur rectifie le pointage (n° 64)[1].

La charge recommence au commandement :

«*Correcteur tant, telle distance*»,
ou «*Telle distance*»

suivant que le correcteur doit être rectifié ou non ; quelle que soit la rapidité du tir qu'il veuille atteindre, le chef de pièce a soin de ne commander «*Feu*» qu'après l'avertissement «*Prêt*» du pointeur.

III. Modification de direction de la pièce.

84. La direction d'une pièce peut être changée de deux manières :
1° Par modification de dérive.

---

[1] En instruction, après le 1er coup le chef de pièce fait relever la bêche de crosse pour simuler son enfoncement et permettre au pointeur et aux tireurs de s'asseoir commodément sur leurs sièges.

Deux cas peuvent se présenter :

a) On peut repointer par coulissement sur l'essieu. Le pointeur exécute ce qui est prescrit au n° 56.

b) Il est impossible de repointer par coulissement sur l'essieu; les servants exécutent alors ce qui est prescrit pour les mouvements à bras en ne déplaçant la pièce que de la quantité suffisante pour que la bêche ne retombe pas dans le trou précédemment creusé. La pièce est ensuite repointée comme il est prescrit au n° 54.

2° Par tours de volant.
On se conforme à ce qui est prescrit au n° 60.

3° Par indication d'un certain nombre de divisions de la graduation de l'essieu.
Le pointeur se conforme à ce qui est prescrit au n° 61.

IV. Suspendre le tir.

85. Au commandement «*Halte au feu*» le service de la pièce est interrompu; le tireur ouvre la culasse.

Au commandement «*Continuez le feu*» le service de la pièce reprend au point où il avait été interrompu. En instruction, lorsque le chef de pièce peut contrôler les opérations exécutées par les servants, il commande :

«*Halte au feu. — Rassemblement.*»

Le tireur ouvre la culasse, les servants se placent à six mètres en arrière de la pièce, laissant la lunette, la hausse, le niveau de tir, le tambour des angles de site, le débouchoir aux positions qu'ils occupent.

V. Cesser le feu.

86. Au commandement «*Cessez le feu*» le chef de pièce s'assure que le canon n'est pas chargé [*]; le déboucheur et l'amorceur remettent en place le débouchoir, la boîte à fusée et ferme les coffres.

Les deux pourvoyeurs relèvent le bouclier articulé, le chargeur replace le refouloir sur ses supports. Le tireur ferme la culasse, met le bloc de culasse à la position de route et verrouille le marteau.

Le tireur aidé par le pointeur amène la pièce au milieu de l'essieu et verrouille l'essieu. Le chargeur et le 2° chargeur verrouillent le châssis avec l'aide du pointeur qui

---

[*] Le canon ne peut être resté chargé que par suite d'une erreur de manœuvre; dans ce cas on retire la cartouche à l'aide du refouloir long.

agit sur le volant de pointage en hauteur. Le pointeur ferme les volets de la fenêtre du bouclier s'il y a lieu. Le pointeur met le niveau du tir et la hausse à o, enlève la lunette de pointage et la donne au tireur qui la remet dans sa boîte, les chargeurs replacent les panneaux de roues sur les caissons. Tous les servants reprennent le mousqueton et se placent en file entre le canon et le caisson sur lequel ils doivent prendre place et dans l'ordre où ils doivent monter sur les coffres.

ARTICLE V.

DE LA DÉRIVE DE SURVEILLANCE.

87. Au commandement : «*Inscrivez la dérive*» le pointeur inscrit à la craie sur le bouclier la dérive que marque à ce moment son appareil de pointage. Cette dérive s'appelle dérive de surveillance.

Toutes les fois que le pointeur doit inscrire une nouvelle dérive de surveillance il commence par effacer celle qui était inscrite précédemment.

88. Au commandement : «*En surveillance*» le pointeur fait marquer à la lunette la dérive de surveillance, la pièce est repointée en direction, l'affût au milieu de l'essieu.

ARTICLE VI.

DES MÉCANISMES DE TIR.

ARTICLE VII.

CAS PARTICULIERS DE TIRS.

ARTICLE VIII.

INCIDENTS QUI SE PRÉSENTENT LE PLUS SOUVENT ET MOYEN D'Y PORTER REMÈDE SUR LE TERRAIN.

Les articles 7 et 8 sont réservés à la commission d'expérience de Calais, chargée par le Ministre de les étudier et d'en faire le règlement.

CHAPITRE III.

INSTRUCTION DE LA PIÈCE ATTELÉE.

ARTICLE I.

PRESCRIPTIONS GÉNÉRALES.

115. L'instruction de la pièce est faite en vue de son emploi dans la batterie. Du soin à porter à cette instruction dépendent en grande partie la facilité et la rapidité de la manœuvre de la batterie.

Dans le cas exceptionnel où une pièce aurait à s'engager isolément, son chef s'inspirerait des considérations émises au chapitre suivant pour la batterie.

116. La pièce attelée se compose d'une voiture-canon, et de deux voitures-caissons attelées à 6 chevaux. Elle comprend 9 conducteurs et 8 servants. Elle est commandée par un maréchal des logis-chef de pièce ayant sous ses ordres un brigadier.

Le chef de pièce se porte et intervient partout où sa présence serait utile. Lorsque les 3 voitures sont réunies, il dirige personnellement le 1ᵉʳ caisson et le canon; le brigadier dirige le 2ᵉ caisson.

117. Le rassemblement de la pièce sans matériel se fait sur deux lignes.

1ʳᵉ ligne : les servants sur deux rangs (voir n° 65).

2ᵉ ligne : les attelages dans l'ordre : 1ᵉʳ caisson [1], canon; 2ᵉ caisson [2], le maréchal des logis et le brigadier à à côté du conducteur de devant de chaque caisson.

Le rassemblement de la pièce avec matériel se fait sur une ligne, les 3 voitures à 1 mètre d'intervalle, les servants sur les coffres (voir n° 66); le maréchal des logis et le brigadier à côté des conducteurs de devant du caisson. La pièce entre au parc et en sort aux commandements et suivant les principes prescrits à l'école du canonnier conducteur.

---

[1] En principe, caisson d'obus à balles.
[2] En principe, caisson d'obus explosifs.

Les voitures sont attelées ou dételées comme il est dit à l'école du canonnier conducteur. Les servants sont exercés à aider les conducteurs à atteler et à dételer, à l'indication *« aux attelages »*. Ils vont atteler ou dételer les sous-verges de la voiture sur laquelle ils doivent monter, à l'exception du pointeur et du tireur qui attellent les sous-verges de milieu et de derrière du canon. Les conducteurs vérifient la façon dont les sous-verges ont été attelés.

118. Ordres de la pièce attelée. — Sur le terrain du combat, la pièce peut avoir à utiliser les ordres suivants :

a) En colonne par pièce.

119. Les 3 voitures se suivent à 1 mètre de distance, le canon au milieu des conducteurs de devant de chaque caisson, botte à botte avec le maréchal des logis et le brigadier. En principe les servants sont montés sur les coffres.

b) Par pièce triplée.

120. Le personnel de chaque voiture occupe les mêmes places que dans l'ordre en colonne par pièce, mais les 3 voitures sont à la même hauteur et à 1 mètre d'intervalle. Le canon au centre, le premier caisson à droite (exceptionnellement à gauche).

c) En batterie.

121. La pièce est formée sur deux lignes :

1re ligne. — Les deux caissons et l'arrière-train du canon sont disposés pour le tir, le chef de pièce et les servants à leurs postes comme il est dit à l'instruction de l'artillerie (n° 70).

2e ligne. — Les attelages et l'avant-train de canon dans l'ordre par pièce triplée en un point fixé par l'instructeur et choisi de manière à les dérober le plus possible aux vues et aux coups. Le brigadier à côté du conducteur de devant de l'avant-train du 2e caisson.

Le cheval du chef de pièce est tenu en main par le conducteur de devant du canon, celui du brigadier dans le cas où il met le pied à terre par le conducteur de devant du 2e caisson.

ARTICLE II.

ÉCOLE DE LA PIÈCE ATTELÉE.

—

I. Manœuvre de la pièce attelée.

122. La pièce attelée dans l'ordre en colonne par pièce ou par pièce triplée exécute la marche directe, la marche oblique individuelle par voiture et les changements d'allure d'après les principes à l'école du canonnier conducteur et au même commandement. — Elle s'arrête, d'après les mêmes principes au commandement *« Pièce Halte »*.

Dans le courant de la manœuvre, chaque fois que la pièce s'arrête, les trois voitures se placent correctement l'une par rapport à l'autre dans l'ordre où elles se trouvent. Si cela est nécessaire, le chef de pièce se porte légèrement en avant, le conducteur de devant du 1er caisson se porte à la droite, à la hauteur de son chef de voiture, le conducteur de devant du canon serré à 1 mètre de distance du 1er caisson ou prend son intervalle par rapport à lui; le brigadier se place à sa distance ou à son intervalle rapport au canon. — Dans chaque voiture les conducteurs de milieu et de derrière ralentissent les derniers de façon à conserver leurs longes très tendues sans entraîner la voiture.

Les mouvements ne sont pas destinés à corriger les erreurs de direction d'une voiture, celles-ci ne peuvent être rectifiées qu'en marchant.

123. La colonne par pièce exécute les changements de direction d'après les principes prescrits à l'école du canonnier conducteur et au même commandement.

Elle fait face en arrière au commandement :

« Contre-marche-Marche ! »

A ce commandement, le 1er caisson exécute un demi-tour à gauche, il est suivi dans son mouvement par le canon et le 2e caisson.

La colonne par pièce peut également faire face en arrière au commandement : *« Pièce demi-tour à gauche-Marche ! »*, Chaque voiture exécute le mouvement pour son compte et le 2e caisson se trouve en tête.

124. La pièce étant en colonne par pièce se forme par pièce triplée au commandement : *« Par pièce triplée. Marche ! »*. A ce commandement, le canon et le 2e caisson obliquent à gauche au trot et viennent se placer respectivement à un mètre à gauche de la voiture qui précède.

Exceptionnellement, le mouvement peut se faire vers la droite par le commandement : « *Vers la droite, par pièce triplée, Marche !* »

125. Inversement, la pièce triplée se forme en colonne par pièce au commandement : « *Par pièce, Marche !* »

A ce commandement, le 1er caisson se porte en avant ou continue à marcher droit devant lui suivant le cas, le canon et le 2e caisson prennent leurs places derrière lui. Exceptionnellement, la rupture peut se faire par la gauche au commandement : « *Par la gauche, par pièce, Marche !* »

126. La pièce triplée exécute les changements de directions aux commandements prescrits à l'école du canonnier conducteur. La voiture pivot se conforme à ce qui est prescrit à cette école ; les voitures de l'aile marchante allongent l'allure de manière à rester, dans la mesure du possible, à la hauteur du pivot.

127. La pièce triplée fait face en arrière au commandement : « *Pièce, demi-tour à gauche, Marche !* »

A ce commandement la pièce exécute deux changements de direction à gauche, successifs en se conformant aux principes indiqués ci-dessus.

II. Mise en batterie.

128. L'emplacement que doivent occuper les caissons et l'arrière-train de canon est indiqué par l'instructeur lorsque cet emplacement doit être l'objet d'une reconnaissance détaillée ayant pour but de fixer avec précision la place sur laquelle il convient d'établir les voitures et, s'il y a lieu, l'itinéraire final qu'elles doivent suivre. Cette reconnaissance est fsite par le chef de pièce.

L'intervalle entre les voitures n'étant que d'un mètre, le demi-tour au trot est assez délicat et ne doit pas être exécuté au début de l'instruction. En principe, dans la mise en batterie, la pièce est dirigée de façon que les voitures puissent être arrêtées sur la position même qu'elles doivent occuper (n° 70). On ne doit recourir au mouvement à bras qu'exceptionnellement, quand, par suite d'une mauvaise exécution de la manœuvre, des difficultés de terrain ou en raison d'une nécessité de défilement, ce résultat n'a pu être réalisé. La mise en batterie est toujours précédée des dispositions de combat. Suivant les formes du terrain, elle se rapproche d'un des deux types suivants :

I. Mise en batterie normale (terrain favorable.) { *a*) face en avant.
{ *b*) de flanc.
{ *c*) face en arrière.

11. **Mise en batterie sur le chef de pièce (terrain difficile.)**

Les trois modes d'occupation de position de la mise en batterie normale sont employés à la demande du terrain et selon la disposition des chemins d'accès; tous trois s'exécutent au commandement de l'instructeur.

La mise en batterie sur le chef de pièce, plus souple, exécutée sur simple indication, s'applique à tous les cas. Elle sera employée chaque fois qu'il sera nécessaire de reconnaître l'itinéraire à suivre pour aller occuper l'emplacement de batterie ou lorsque l'exiguïté de la position ne permettra pas d'exécuter régulièrement et simultanément les mouvements de voiture prévus dans la mise en batterie normale.

129. a) *Mise en batterie face en avant.* — La pièce marchant en colonne par pièce est mise en batterie face en avant par le commandement : «*Demi-tour en batterie, Marche. Halte !*» Au commandement : «*Marche !*», le 1ᵉʳ caisson, guidé par le chef de pièce, fait un à-gauche, gagne 6 mètres, fait un deuxième à-gauche et s'arrête au commandement : «*Halte !*»[1]. Le canon suit le mouvement du 1ᵉʳ caisson, mais ne gagne que 3 mètres, le 2ᵉ caisson fait un demi-tour à gauche régulier, les trois voitures s'arrêtent ainsi successivement à 1 mètre d'intervalle, les roues des arrière-trains des caissons à la même hauteur, celles du canon à 50 centimètres en arrière.

Dès que leur voiture s'arrête, les servants sautent à terre et exécutent la mise en batterie comme il est prescrit à l'instruction d'artillerie. Le chef de pièce met pied à terre et donne son cheval au conducteur du devant du canon.

Attelages des caissons. — Dès que les caissons sont arrêtés les conducteurs mettent pied à terre, détellent et remontent à cheval et se portent dans la formation triplée derrière le brigadier qui s'est préalablement placé à 10 mètres en avant des attelages du canon.

Avant-train de canon. — Dès que le canon est arrêté, le conducteur du milieu met pied à terre, décroche le palonnier et le relève sur la croupe de ses chevaux en le fixant au besoin avec la courroie trousse-trait, puis il remonte à cheval; les deux attelages de devant et du milieu se portent alors derrière le brigadier.

---

[1] Le commandement : «*Halte !*» est fait au moment où le caisson arrive à son emplacement de batterie; étant donné les dimensions de la voiture-canon, il faut disposer de 10 mètres de terrain en avant de l'emplacement de batterie pour que le canon puisse se redresser après avoir terminé son mouvement, il s'ensuit que le commandement: «*Marche !*» doit être fait au moment où l'attelage du milieu de la voiture de tête arrive à hauteur de l'emplacement que doit occuper la pièce en batterie. Si l'instructeur veut faire la mise en batterie face en avant exactement dans la direction de la marche, il faut qu'il fasse déboîter sa colonne par pièce de 15 mètres à droite.

Dès que le 1er pourvoyeur a commandé : «*Prêt!*», le conducteur de derrière amène l'avant-train et va reprendre sa place derrière le conducteur du milieu.

Aussitôt que les attelages sont au complet, le brigadier les emmène dans la même formation à l'emplacement fixé par l'instructeur. Le mouvement précédent peut se faire également en partant de la pièce triplée qui exécute alors le mouvement de demi-tour prescrit au n° 127 [1].

130. b) *Mise en batterie de flanc.* — La pièce marchant en colonne par pièce dans une direction perpendiculaire ou oblique à celle du tir est mise en batterie par le commandement : «*Face à droite (gauche) en batterie. Marche! Halte!*»

Au commandement : «*Marche!*», le caisson fait à gauche (droite) et s'arrête au commandement : «*Halte!*» [2]. Le canon et le 2e caisson tournent successivement pour venir prendre leur position de batterie à côté du 1er caisson.

Le reste du mouvement comme au n° 129.

La mise en batterie de flanc peut se faire également en partant de la pièce triplée qui exécute alors un changement de direction comme il est prescrit au n° 126.

131 c) *Mise en batterie face en arrière.* — La pièce marchant en colonne par pièce est mise en batterie au commandement : «*Face en arrière en batterie, Halte!*» Au commandement : «*Halte!*» le 1er caisson s'arrête, le canon et le 2e caisson obliquent à gauche au trot pour venir occuper leur place en batterie.

Le reste du mouvement est comme au n° 129.

Ce mouvement peut également se faire en partant de la pièce triplée, auquel cas les trois voitures s'arrêtent simultanément.

132. *Mise en batterie sur le chef de pièce.* — Faite par l'instructeur, le chef de pièce amène sa pièce le plus près

---

[1] Pour exécuter ce mouvement, il faut disposer de 13 mètres de terrain en avant de l'emplacement de batterie le canon, ayant besoin de 10 mètres de terrain comme précédemment et le caisson pivot pouvant se redresser sur une piste inférieure à celle du canon.

En instruction, il peut être bon de jalonner le front que doit occuper la pièce en batterie le point situé à 15 mètres à droite et la ligne située à 10 mètres en avant et qu'aucun élément ne doit dépasser. Cette ligne sera reportée de 3 mètres en avant lorsque le mouvement se fera par pièce triplée.

[2] Le commandement : «*Halte!*» est fait au moment où le 1er caisson arrive à sa position de batterie : il s'ensuit que le commandement «*Marche!*» doit être fait au moment où le conducteur de devant est à 4 mètres sur le flanc de cette position.

Pour les raisons indiquées aux notes du n° 129, il faut, dans cette mise en batterie comme dans la précédente, disposer de 10 mètres de terrain en avant (13 mètres dans le cas de la pièce triplée).

possible de la position. l'arrête, puis, en tenant compte s'il y a lieu, des nécessités de défilement, il va reconnaître et choisir l'emplacement de ses voitures.

Quand il a déterminé le mode de mise en batterie qu'il convient d'adopter au mouvement réglementaire pour utiliser au mieux l'espace dont il dispose, il revient à ses voitures en reconnaissant l'itinéraire à leur faire suivre. Il donne ses instructions au brigadier; il dirige ensuite sa pièce vers la position et fait exécuter la mise en batterie.

Dans ce mouvement, toute liberté devra être laissée au chef de pièce dans le choix des moyens employés; l'ordre des voitures pourra être modifié le cas échéant, et il sera souvent utile de faire un large usage des mouvements à bras.

133. *Amener l'avant-train.* — L'avant-train et les attelages sont amenés par le brigadier au commandement : «*Amenez l'avant-train, Marche !*»

Au commandement : «*Amenez l'avant-train !*» les servants exécutent ce qui est prescrit à l'instruction de l'artillerie n° 74.

Au commandement : «*Marche !*», le brigadier se place en tête des attelages et les amène au trot ainsi que l'avant-train du canon, en prenant sa direction sur le canon. A 20 mètres environ de la position, les attelages et l'avant-train de canon se reforment en colonne par pièce puis se dirigent directement sur leurs voitures respectives en exécutant pour chaque groupe d'attelage les tournez-à-gauche successifs nécessaires pour se redresser; l'avant-train du canon est amené au-dessus de l'anneau de cheville ouvrière. Les conducteurs des caissons attellent, remontent à cheval et redressent les avant-trains. Les servants mettent le canon à la position de route, comme il est prescrit au n° 9.

Dès que les trains sont réunis, le conducteur du milieu du canon fixe le palonnier à l'extrémité du timon.

Le mouvement terminé, les servants remontent sur les coffres, le chef de pièce remonte à cheval.